Petra Bartoli y Eckert

Lektüren für DaZ-Lernende

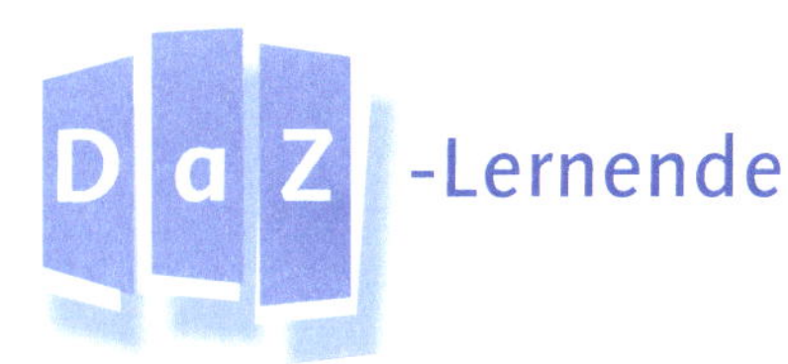

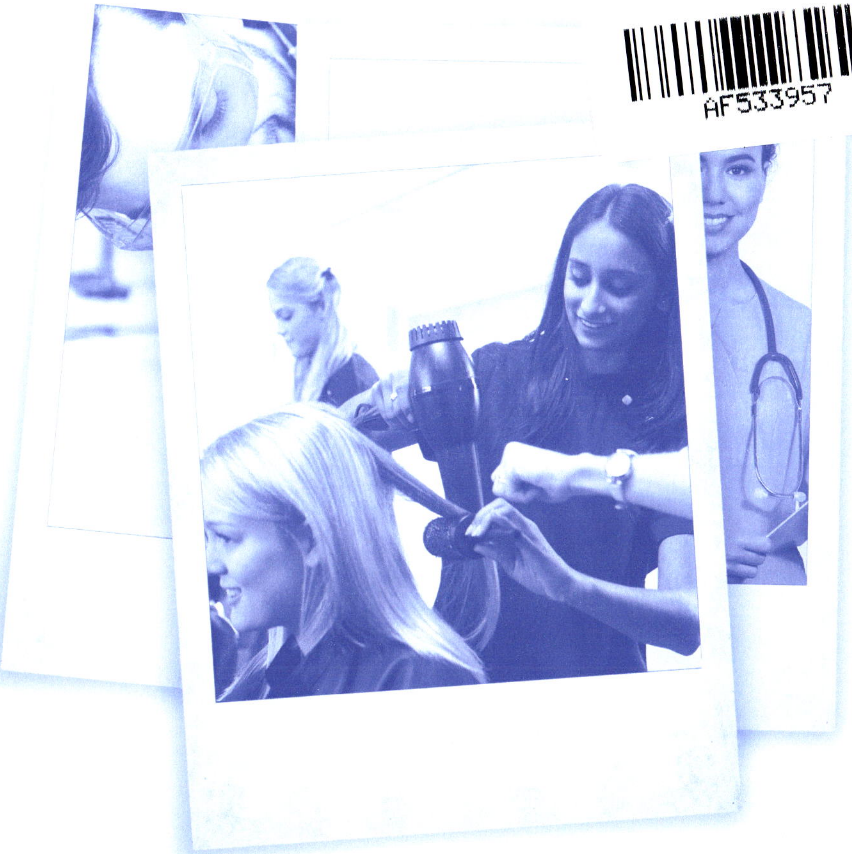

Zukunft & Beruf

mit Aufgaben

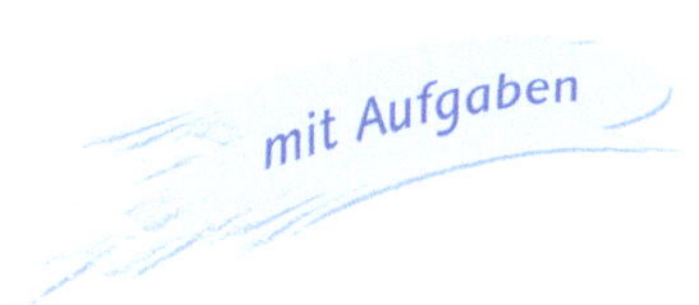

Ein Lesebuch mit kurzen Geschichten für Jugendliche

Verlag an der Ruhr

Titel
Lektüren für DaZ-Lernende – **Zukunft & Beruf**
Ein Lesebuch mit kurzen Geschichten für Jugendliche

Autorin
Petra Bartoli y Eckert

Umschlagmotive und Kapiteldeckblätter
Hintergrund: © peshkova; Friseursalon: © Monkey Buisness; Arzthelferin: © Africa Studio; Mann mit Schutzbrille: © YakobchukOlena - alle Fotolia.com; Polaroidrahmen: © vovan; Pinselstrich: © Hurca! – beide stock.adobe.com

Illustrationen
Matthias Pflügner

Abbildungen im Innenteil
Pinselstrich (Fußzeile): © Hurca! – stock.adobe.com

Druck
Heenemann GmbH & Co. KG, Berlin, DE

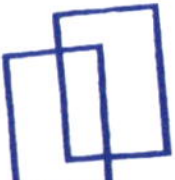

Verlag an der Ruhr
Mülheim an der Ruhr
www.verlagruhr.de

Für Jugendliche ab 12 Jahren

Wilhelmstr. 20, 45468 Mülheim an der Ruhr, E-Mail: info@verlagruhr.de
1. Auflage 2. Druck 2025
ISBN 978-3-8346-3811-3

Alle im Download befindlichen Vorlagen finden Sie unter:
https:/www.verlagruhr.de/Zukunft-Beruf/9783834638113#downloads-tab-pane

Download-Icon: © JJAVA – stock.adobe.com

Lieber Leser, liebe Leserin,

was willst du einmal werden? Wie stellst du dir deine Zukunft vor? Welcher Beruf interessiert dich? Sicherlich hast du schon Ideen und Vorstellungen. Bei der Wahl des Berufes gibt es einiges zu bedenken: Mit einem Beruf sichert man sich nicht nur sein Einkommen. Die Tätigkeit soll dir auch gefallen und deinen Fähigkeiten entsprechen. Vielleicht bringen dich die Kurzgeschichten in diesem Buch auf ganz neue Ideen für deine Zukunft oder bestätigen dich in deinem Berufswunsch.

Alle fünf Kurzgeschichten in diesem Buch sind von mir erfunden. Aber vielleicht könnte eine Geschichte so oder so ähnlich auch in Wirklichkeit passiert sein. Vielleicht in Bremen, Freiburg, Essen, Leipzig oder Regensburg. Vielleicht aber auch ganz woanders.
Ich wünsche dir viel Freude beim Lesen. Und viele gute Ideen für deine eigene Berufswahl.

Herzliche Grüße

Petra Bartoli y Eckert

Dieses Lesebuch mit Geschichten zum Thema Zukunft und Beruf richtet sich an **12- bis 16-jährige Leser*innen**[1] mit Deutschkenntnissen der Niveaustufe B1 nach dem Europäischen Referenzrahmen.

Es ist für alle Lernenden geeignet, die ihre Sprachkenntnisse anwenden und auf unterhaltsame Art und Weise vertiefen und festigen wollen. Dies kann sowohl in Form des Selbststudiums als auch innerhalb eines Klassen- oder Kursverbandes geschehen.

Der vorliegende Band „Lektüren für DaZ-Lernende – Zukunft & Beruf" stellt den **dritten Band einer Reihe** mit verschiedenen Themenschwerpunkten dar. Er besteht aus fünf kurzen Geschichten, die in fünf deutschen Großstädten spielen (Bremen, Freiburg, Essen, Leipzig, Regensburg). Im Mittelpunkt der Geschichten stehen junge Menschen aus unterschiedlichen Ländern, die in Deutschland allmählich Fuß fassen, am Alltag teilhaben und eine Zukunftsperspektive entwickeln.

Jeder dieser Geschichten sind **Bearbeitungsaufgaben** nachgestellt, die chronologisch der Handlung folgen. Sie gehören zu den drei Aufgabenformen:

- **Aufgaben zum Leseverstehen,**
- **Grammatikaufgaben und**
- **weiterführende Fragen.**

Mithilfe der Aufgaben können die Lernenden ihr Textverständnis überprüfen, ihre bereits erworbenen Deutschkenntnisse anwenden und erweitern.
Die zugehörigen **Lösungen zur Selbstkontrolle** sind kostenlos als Download erhältlich unter: https:/www.verlagruhr.de/Zukunft-Beruf/9783834638113#downloads-tab-pane.

[1] Der Verlag an der Ruhr legt großen Wert auf eine geschlechtergerechte und inklusive Sprache. Daher nutzen wir neutrale Formulierungen oder das Gendersternchen, um alle Menschen unabhängig von Geschlecht oder Geschlechtsidentität einzuschließen. In Texten für Schüler*innen finden sich aus didaktischen Gründen neutrale Begriffe bzw. Doppelformen.

Am Ende des Buches befindet sich darüber hinaus eine **Liste mit Worterklärungen** zu schwierigen Wörtern, die das Leseverstehen erleichtern. Diese Wörter sind im Text fett markiert.

- Mit dieser Lektüre-Reihe erhalten Lehrkräfte und Kursleitende selbsterklärendes und einfach aufgebautes Unterrichtsmaterial, das sowohl im Klassenverband als auch innerhalb der individuellen Förderung von Sprachanfänger*innen funktioniert.
- Schüler*innen bietet dieses Lesebuch kompakte und gut zu verstehende Geschichten zum Selberlesen und die Möglichkeit, im eigenen Tempo ihre Kenntnisse zu Wortschatz und Grammatik auszuweiten.

1. Häuser planen in Bremen

Aidan liebt seine Nachmittage. Er kann es immer kaum erwarten, bis es endlich vier Uhr ist. Dann ist nämlich die Schule aus und alle Aufgaben sind erledigt. Und dann geht er zu Herrn Weber, den Aidan Herbert nennen darf. Die beiden haben sich kennengelernt, als Aidan mit seinem Fahrrad am Stadtrand von Bremen unterwegs war. Herbert stand am **Zaun** seines Grundstücks und tauschte gerade einige **Latten** aus. Aidan blieb neugierig stehen und sah ihm bei der Arbeit zu.
„Willst du mir helfen? Ich kann jede Hand gebrauchen", sagte Herbert zu ihm. Aidan ließ sich nicht lange bitten.

Seitdem kommt Aidan jeden Nachmittag bei Herbert vorbei. Auf dem Grundstück der Webers steht eine kleine Werkstatt hinten im Garten.

Eigentlich ist es nur ein **Schuppen**. Doch darin hat Herbert jede Menge Werkzeug. Aidan hilft Herbert dabei, **Latten** zuzuschneiden oder Möbel zu reparieren.

„Mit Holz zu arbeiten, ist mein Hobby“, hatte Herbert Aidan am Tag ihres Kennenlernens erklärt. Weil Herbert schon in Rente ist, hat er dafür genügend Zeit. Auch dafür, Aidan zu zeigen, wie er mit **Säge, Bohrmaschine** und **Schleifgerät** umgehen muss.
Das kann Aidan mittlerweile richtig gut und er hat große Freude dabei.

Als Aidan heute Herberts Werkstatt betritt, hört er ein lautes Kreischen. Herbert steht an der **Tischkreissäge**. Dort schneidet er lange Bretter zu. Herbert hebt den Kopf und nickt Aidan zu. Dann schaltet er die **Säge** aus.
„Ich will ein Bett bauen. Für meinen Enkelsohn. Schau, der vordere Teil ist schon fertig. Hilfst du mir beim Rest?“, fragt er.
Aidan reibt seine Hände an der Hose trocken. Natürlich wird er Herbert helfen!

Die beiden arbeiten mehr als eine Stunde an dem Möbelstück. Dabei sprechen sie nicht viel. Als die letzten Bretter verschraubt sind, klopft Herbert Aidan auf die Schulter.
„Gut gemacht. Willst du etwas trinken? Vielleicht eine kalte Limonade?“, fragt er.
„Gerne“, antwortet Aidan und Herbert verschwindet aus der Werkstatt.
Aidan sieht sich in der Zwischenzeit um. Auf dem Boden liegen Holzreste. Er greift nach unterschiedlich großen Holzstücken und hebt sie auf.

Aidan ist ganz in Gedanken versunken, als Herbert mit zwei Flaschen Limonade zurückkommt.
„Hat etwas länger gedauert", entschuldigt sich Herbert und reicht Aidan eine der beiden Limonaden. Dann macht er große Augen.
„He, was hast du da denn gemacht?", fragt Herbert und deutet auf die **Werkbank**. Dort hat Aidan die Holzstücke aufeinandergelegt. Es sieht aus wie ein Haus.
„In so einem Haus will ich einmal wohnen", grinst Aidan.
Herbert nimmt einen tiefen Schluck aus seiner Limonadenflasche und kratzt sich am Kopf.

„Das ist ja ein richtiges **Hausmodell**. Es sieht toll aus!", findet Herbert.
Er stellt seine Flasche ab und sucht in einer Kiste unter der **Werkbank**.
„Hier. Das ist **Holzleim**. Ich muss noch irgendwo eine große Holzplatte haben", sagt Herbert und hält Aidan die Flasche mit dem **Leim** hin. Dann sieht er sich suchend in der Werkstatt um. Aus einer Ecke ganz hinten zieht er eine quadratische Holzplatte hervor.
„Darauf kannst du dein Modell aufkleben", meint er und legt Aidan die Holzplatte auf die **Werkbank**.

„Kann ich noch mehr von den Holzresten haben?", fragt Aidan begeistert.
Herbert nickt und hilft ihm dabei, Holzstücke zusammenzusuchen.
„Ich könnte noch eine lange Treppe bauen, die zum Haus führt", überlegt Aidan.
Die beiden legen lange Holzstücke zu einer Treppe. Herbert nickt anerkennend.
„Ein Traumhaus", lacht er dann.

Aidan freut sich über das Lob von Herbert.
„Du bist ja ein richtiger **Architekt**", meint Herbert dann und holt sein Handy aus der Hosentasche. Damit macht er ein Foto von Aidans **Hausmodell**.
„Das muss ich meiner Frau zeigen", grinst Herbert und hält Aidan das Foto hin.
Doch Aidan wirkt plötzlich gar nicht mehr glücklich. Natürlich fällt das Herbert sofort auf.
„He, was ist denn los?", will er wissen.

„Ich möchte später gerne Häuser planen. Aber dafür muss ich studieren. Und das kann ich nicht“, murmelt Aidan.
„Na, so schnell wirst du doch nicht aufgeben“, ermuntert Herbert seinen jungen Freund.
„Doch. Zum Studieren braucht man Abitur“, sagt Aidan und lässt seinen Kopf hängen.
„Und wo ist nun das Problem?“, will Herbert wissen und rempelt Aidan mit dem Ellbogen an.
„An meiner Schule kann man kein Abitur machen!“, ruft Aidan aufgebracht.

Herbert überlegt einige Augenblicke. Dann zieht er Aidan zu den beiden Stühlen, die neben der Eingangstür des **Schuppens** stehen.
„Setz dich. Wir überlegen mal gemeinsam, was zu tun ist“, sagt Herbert und lässt sich auf einen der Stühle fallen.
Aidan nimmt zögernd neben ihm Platz.

„Du hast doch in Syrien die Schule besucht?“, überlegt Herbert und reibt sich über sein Kinn.
Aidan nickt.
„Ich habe auch meine Zeugnisse mitgebracht“, sagt er leise.
„Na, siehst du“, strahlt Herbert. „Soviel ich weiß, kann man die hier in Deutschland anerkennen lassen. Und damit kannst du dich dann vielleicht an einer Schule anmelden, an der du dein Abitur machen kannst. Frag doch mal bei dir an der Schule nach. Deine Lehrkräfte wissen das bestimmt.“

„Meinst du?“, fragt Aidan zögerlich.
Herbert sieht Aidan in die Augen.
„Ich weiß das nicht ganz genau. Jedenfalls werde ich dich

unterstützen, wenn du hier Hilfe brauchst. Verlass dich drauf!" Aidan überlegt. Herberts Angebot hört sich gut an. Und es fühlt sich in Aidans Bauch warm und gut an.

„Bis ich mehr weiß, kannst du ja weiterhin üben. Du kannst Häuser planen und Modelle bauen. Das ist dann erst einmal dein Hobby. Aber vielleicht wird bald mehr daraus", lacht Herbert und deutet auf die **Werkbank**.
„Du weißt ja, dass du hier immer willkommen bist."
Ja, das weiß Aidan. Er lächelt Herbert an.

„Danke", flüstert Aidan.
Dann schließt er seine Augen. Er stellt sich vor, wie er später einmal mit einem Helm auf dem Kopf auf einer Baustelle steht. In seinen Händen hält er einen Bauplan von einem wundervollen Haus, das er geplant hat. Er zeigt den Arbeitern und Arbeiterinnen auf dem Bau, wo sie was beachten müssen. Diese Vorstellung fühlt sich gut und genau richtig an.

„So, und jetzt haben wir uns beide etwas zum Essen verdient", holt Herbert Aidan aus seinen Gedanken zurück.
„Meine Frau hat Apfelkuchen gebacken. Willst du ein Stück?", fragt er.
Aidan springt auf und grinst. Er weiß, dass Herberts Frau die besten Kuchen der Welt backen kann. Er kann es kaum erwarten, ein Stück davon zu probieren. Das hilft vielleicht ein bisschen darüber hinweg, dass Aidan noch Geduld braucht, bis sein Traum, **Architekt** zu sein, Wirklichkeit wird.

➜ Arbeitsaufträge:

1. Ergänze die fehlenden Wörter (Relativpronomen):

- Aidan ist der Junge, ... Herbert jeden Tag in der Werkstatt hilft.
- Eine Tischkreissäge ist ein Werkzeug, ... man zum Zersägen von Holz verwendet.
- Aidan sammelt Holzreste, mit .... er ein Hausmodell baut.
- Herbert findet das Hausmodell, ... Aidan gebaut hat, schön.
- Herberts Frau ist die Frau, ... den besten Kuchen der Welt backen kann.

2. Beantworte folgende Fragen:

- In welcher Stadt lebt Aidan?

  ....

- Was macht Herbert gerade, als Aidan ihn zum ersten Mal trifft?

  ....

  ....

- Was möchte Aidan später gerne einmal beruflich machen?

  ....

  ....

- Was machen Aidan und Herbert am Ende der Geschichte?

  ....

  ....

3. Ergänze das passende Wort in der richtigen Form (Deklination der Substantive):

Kuchen – Werkzeug – Werkbank – Hausmodell – Herr – Talent

- Aidan fährt mit seinem Fahrrad an den Stadtrand, um dem netten .... Weber zu helfen.
- Zum Bauen von Möbeln brauchen die beiden ....
- Das Hausmodell, das Aidan gebaut hat, steht auf der ....
- Herbert lobt Aidan für sein ....
- Herbert macht ein Foto des ...., das Aidan gebaut hat.
- Auf den ...., den Frau Weber gebacken hat, freut sich Aidan schon.

4. Die Geschichte spielt in Bremen. Das ist eine Stadt im Norden von Deutschland. Welche anderen Städte im Norden kennst du noch?

- K ....
- R ....
- H ....
- Sch ....
- H ....

5. Kennst du die Vergangenheitsform dieser Wörter? Setze sie in der 1. Person Singular im Präteritum ein (Präteritum der unregelmäßigen Verben):

Grundform (Infinitiv)	1. Vergangenheit (Präteritum)
gehen	
nennen	
stehen	
helfen	
schneiden	
sprechen	
trinken	
schließen	
springen	

6. Aidan ist glücklich, als Herbert verspricht, ihm zu helfen. Wann bist du glücklich? Schreibe auf.

....

....

....

....

7. Erzähle davon, was Herbert am Schluss der Geschichte gesagt hat (indirekte Rede):

Herbert: „Deine Lehrkräfte wissen das bestimmt."
Herbert sagte, *Aidans Lehrkräfte wüssten das bestimmt.*

Herbert: „Ich weiß das nicht ganz genau. Jedenfalls werde ich dich unterstützen, wenn du hier Hilfe brauchst."
Herbert sagte, er wisse es ...., jedenfalls

....

Herbert: „So, und jetzt haben wir uns beide etwas zum Essen verdient."
Herbert sagte, jetzt ....

....

Herbert: „Meine Frau hat Apfelkuchen gebacken."
Herbert sagte,

....

8. Aidan arbeitet gerne mit Holz. Das ist sein Hobby und er möchte es gerne zum Beruf machen. Schreibe auf:
- **Was machst du gerne?**
- **Kann man das auch als Beruf machen? Wie heißt dieser Beruf?**

....

....

....

2.

Friseurin werden in Freiburg

Seit einem Jahr lebt Alyssa nun schon in einer Wohngruppe in Freiburg. Hier im Süden von Deutschland gefällt es ihr gut. Sie liebt es, über den Münstermarkt zu schlendern. Einmal war sie mit den anderen Mädchen aus ihrer Wohngruppe und den Betreuern und Betreuerinnen auf einem Berg nahe Freiburg. Der trägt den Namen „**Schauinsland**". Das findet Alyssa lustig. Denn von dort oben kann man wirklich ins Land schauen.

Am meisten gefällt Alyssa, dass sie in der Wohngruppe sehr beliebt ist. Alle anderen Mädchen kommen gerne zu ihr. Denn Alyssa kann etwas ganz besonders gut: Sie schneidet den anderen in der Gruppe die Haare. Und sie **flicht** die schönsten **Zöpfe**. Dafür hat Alyssa ein Händchen.

„Hier noch ein Stück", sagt Maira und deutet auf eine **Haarsträhne** an ihrer Stirn.
Alyssa nimmt die **Strähne** zwischen ihre Finger. In der rechten Hand hält sie eine Schere. Die hat sie von Britt, einer Betreuerin, letztes Jahr zu ihrem Geburtstag bekommen. Zwischen Alyssas Zähnen klemmt ein **Kamm**. Mairas Haare fallen zu Boden, als Alyssa ein Stück davon abschneidet. Alyssa nickt zufrieden. Sie nimmt den **Kamm** und fährt damit durch Mairas Haare. Dann greift sie nach dem Spiegel, der auf dem Tisch liegt. „Bist du zufrieden?", fragt sie und hält den Spiegel so, dass Maira ihre Frisur gut sehen kann.

Maira strahlt. „Toll. Danke!", sagt sie begeistert.
Hinter Maira wartet schon das nächste Mädchen. Sie will sich von Alyssa eine neue Frisur machen lassen. Als Britt, die Betreuerin, ins Zimmer kommt, drehen die Mädchen ihre Köpfe.

„Du hast wirklich Talent“, lacht Britt und bewundert den neuen Haarschnitt von Maira.
„Ja, Haare schneiden kann Alyssa super!“, stimmt Maira zu und fährt sich durch die Haare.

Britt hilft Alyssa eine Stunde später dabei, die Haare aufzufegen, die auf dem Boden verteilt sind. „Ich könnte mir wirklich gut vorstellen, dass du dein Talent noch mehr nutzt. Hast du dir schon einmal überlegt, vielleicht Friseurin zu werden?", fragt Britt. Alyssa zuckt mit den Schultern. Bisher hat sie sich darüber noch keine Gedanken gemacht. Sie wollte zuerst richtig gut Deutsch lernen. Aber mittlerweile klappt das schon ganz gut.

„Wie wäre es, wenn ich dich einmal mit zu dem Friseursalon meiner Freundin nehme?", schlägt Britt vor.
Alyssa findet die Idee gut. Dort könnte sie sich informieren, was sie tun muss, um eine Ausbildung zur Friseurin zu machen.
„Morgen?", fragt Alyssa.
Britt greift gleich zu ihrem Handy und ruft bei Frau Althof, der Besitzerin des Friseurladens, an.
„Alles klar", meint Britt, als sie ihr Telefonat beendet hat.
Alyssa freut sich. Und sie merkt, dass sie nun richtig aufgeregt ist. Eine Lehrstelle als Friseurin wäre wirklich super!

Am nächsten Tag braucht Alyssa lange, um ihre eigenen Haare sorgfältig zu stylen. Sie will Frau Althof schließlich gleich zeigen, was sie kann. Um halb sechs, kurz vor Feierabend, sollen Britt und Alyssa da sein. Bis zum Laden ist es nicht weit.
Der Friseursalon liegt am Ende der Straße, in der Alyssa wohnt.
Britt und Alyssa machen sich auf den Weg. Fünf Minuten später drückt Britt die Tür auf.

„Hallo, schön euch zu sehen", begrüßt Frau Althof die beiden.
„Du bist sicher Alyssa. Britt hat mir schon erzählt, dass du dich für den Beruf der Friseurin interessierst", sagt sie und schüttelt Alyssa und Britt die Hand.

Alyssa sieht sich um. Der **Salon** von Frau Althof ist sehr modern eingerichtet. Im vorderen Teil des Ladens ist ein hoher Tisch. Darauf liegt ein Terminkalender. Und ein Computerbildschirm steht dort auch. Alyssa lässt ihren Blick weiter durch den Salon schweifen.

„Hier werden die Haare unserer Kunden und Kundinnen gewaschen", erklärt Frau Althof, als sie sieht, dass Alyssa die Waschbecken genauer betrachtet.
An zwei Wänden hängen mehrere große Spiegel. Davor stehen bequeme Stühle. Zwei davon sind besetzt. Dahinter stehen eine junge Frau und ein junger Mann. Die Frau schneidet einer Kundin die Haare. Der Mann **föhnt**.

„Ich kann schon ein bisschen Haare schneiden", sagt Alyssa.
Frau Althof lächelt anerkennend.
„Magst du es denn, mit Menschen zu tun zu haben?", will sie wissen.
Alyssa nickt. Sie weiß natürlich, dass es als Friseurin wichtig ist, freundlich zu den Kunden zu sein. Frau Althof zieht drei der freien Stühle heran und bittet Britt und Alyssa, Platz zu nehmen.

Frau Althof erklärt Alyssa, was eine Friseurin alles können muss. Und dass nicht nur Haareschneiden zu ihren Aufgaben gehört.
„Friseure und Friseurinnen kennen sich mit allen Dingen rund um Haare aus. Sie wissen auch über Färben oder **Dauerwellen** Bescheid. Und über Pflegeprodukte für Haare."
Alyssa hört konzentriert zu. Das klingt ziemlich schwierig, findet sie. Dennoch hat sie plötzlich ein Bild in ihrem Kopf: wie sie als richtige Friseurin im Salon von Frau Althof arbeitet!

„Auf Wiedersehen", grüßt die Kundin, die vorhin von der jungen Frau bedient wurde. Sie fährt sich durch ihre Haare und lächelt Frau Althof an.
„Ich hoffe, Sie waren zufrieden. Ich freue mich, Sie in vier Wochen wiederzusehen", sagt Frau Althof freundlich.
Alyssa überlegt kurz. Dann sagt sie zu der Kundin, die schon die Tür geöffnet hat: „Die Frisur sieht sehr schön aus. Auf Wiedersehen."

Frau Althof grinst, nachdem die Kundin gut gelaunt den Laden verlassen hat.
„Du kannst wirklich mit Menschen umgehen", sagt sie.
„Das ist natürlich nicht immer einfach. Es gibt Leute, die besondere Wünsche haben. Da brauchst du Geduld."
Alyssa nickt. Sie ist sehr geduldig. Und sie wird sicherlich auch mit schwieriger Kundschaft zurechtkommen.

Während Frau Althof weiter über ihren Beruf spricht, wird die Ladentür geöffnet. Ein Mann betritt den **Friseursalon**. Alyssa blickt auf. Dann schlägt sie eine Hand vor den Mund. Der Mann, der gerade eingetreten ist, hat gar keine Haare auf dem Kopf! Was der hier wohl will? Alyssa kann sich nicht vorstellen, wie sie mit so einem Kunden umgehen soll.

Als Frau Althof ihren Blick bemerkt, muss sie grinsen.
„Du siehst erschrocken aus", kichert sie.
Alyssa schüttelt schnell den Kopf. Sie will einen guten Eindruck bei der Besitzerin des Friseurladens hinterlassen.
„Bestimmt könnte ich diesen Kunden auch bedienen", murmelt sie verlegen.
Da fängt Frau Althof laut an, zu lachen.
„Du würdest einem Mann mit **Glatze** die Haare schneiden?"

Der Mann kommt näher und legt eine Hand auf Frau Althofs Arm.
„Na, was gibt es denn zu lachen?", will der Mann ohne Haare wissen.

Frau Althof grinst: „Das ist Alyssa. Sie interessiert sich für eine Lehre als Friseurin. Und du hast sie gerade verunsichert."
„Ich?", fragt der Mann. Er klingt dabei amüsiert.
„Keine Angst. Ich bin kein Kunde. Ich bin der Mann von Frau Althof. Und ich wollte sie nur von der Arbeit abholen", erklärt er.

Ach so! Jetzt muss auch Alyssa grinsen. Und ihr Grinsen wird noch breiter, als Frau Althof sich an sie wendet: „Alyssa, ich kann mir gut vorstellen, dass du demnächst bei uns eine Ausbildung anfangen kannst. Am besten, du machst zunächst mal ein Praktikum hier, um es auszuprobieren. Ich melde mich bei dir, einverstanden?"

Britt klopft Alyssa auf die Schulter. Sie freut sich, dass der Besuch so erfolgreich verlaufen ist und Alyssa vielleicht bald eine Ausbildung beginnen kann.
Dann verabschieden sich die beiden von Frau Althof. Und natürlich auch von Herrn Althof, dem Mann mit der **Glatze**.
Auf dem Heimweg summt Alyssa vor sich hin. Sie wird bald eine Ausbildung zur Friseurin machen. Alyssa weiß, dass sie das schafft!

➜ Arbeitsaufträge:

1. Beantworte folgende Fragen:

- Wo wohnt Alyssa?

  ....

- Wie heißt das Mädchen, dem Alyssa die Haare schneidet?

  ....

- Wie heißt Alyssas Betreuerin?

  ....

- Wann geht Alyssa zu Frau Althofs Friseursalon?

  ....

2. Verbinde immer zwei Sätze. Verwende dazwischen die Wörter *weil* oder *obwohl* (Hauptsatz – Nebensatz):

1. Alyssa ist vor dem Termin im Friseursalon aufgeregt,	☐	☐	A. Herr Althof sie mit seiner Glatze verwirrt hat.
2. Alyssa ist beliebt,	☐	☐	B. sie Geburtstag hatte.
3. Alyssa hat von Britt einen Kamm geschenkt bekommen,	☐	☐	C. sie gut Haare schneiden kann.
4. Alyssa weiß, dass sie eine Ausbildung als Friseurin schaffen kann,	☐	☐	D. Britt sie begleitet.

3. Stelle dir vor, Alyssa ruft am nächsten Tag bei Frau Althof im Friseursalon an. Ergänze die fehlenden Verben in der richtigen Zeitform:

- Frau Althof hebt ab und meldet sich:

  Frau Althof: „Guten Tag! Sie sp................................ mit Gabi Althof vom Friseursalon ‚Haarwunder'."

  Alyssa: „Guten Tag, Frau Althof. Hier i.................... Alyssa.

- Alyssa nennt Frau Althof den Grund ihres Anrufes:

  Alyssa: „Ich w.......................... über meine Bewerbung für ein Praktikum mit Ihnen sprechen. K.......................... ich morgen v....................................?"

  Frau Althof: „Ja, k.......................... morgen um 17 Uhr vorbei."

- Alyssa bedankt und verabschiedet sich:

  Alyssa: „Vielen Dank, Frau Althof. Dann w.......................... ich morgen k..........................." Auf Wiedersehen.

  Frau Althof: „Gut, dann bis morgen. Danke, dass du a.. hast."

4. Wie ist Alyssa? Wie sind andere Personen oder Dinge in der Geschichte? Ergänze in jedem Satz ein Adjektiv:

Der Name des Berges „Schauinsland" ist ....

Alyssa ist in der Wohngruppe ....

Mit Mairas neuer Frisur ist Alyssa ....

Maira ist von ihrer Frisur ....

Nachdem Britt beim Friseurladen angerufen hat, ist

Alyssa ....

Der Salon von Frau Althof ist sehr .... eingerichtet.

Die Aufgaben einer Friseurin klingen ziemlich ....

Frau Althof verabschiedet sich .... von einer Kundin.

Als Alyssa den Mann ohne Haare sieht, ist sie ....

Auf dem Heimweg summt Alyssa. Deswegen ist sie

vermutlich ....

5. Stelle dir vor, Alyssa hat die Praktikumsstelle bekommen. Sie schreibt Maira eine Kurznachricht. Fülle die Lücken:

Hallo ...., ich habe das .... bekommen.

Kann gleich morgen .... Ich .... mich!

Bis ...., Alyssa.

6. Alyssa hat ein Talent dafür, Haare zu frisieren. Welche Talente hast du? Was kannst du besonders gut? Schreibe auf:

....

....

....

....

7. Alyssa will Friseurin werden. Der Beruf kann auch mit ö geschrieben werden: Frisörin. Kennst du noch andere Berufe mit ö, ä oder ü? Schreibe passende Berufe in die Lücken:

Ein Mann, der Brot macht, ist ein ....

Ein Mann, der sich um Tiere und Bäume im Wald kümmert,

ist ein ....

Eine Frau, die kranke Menschen behandelt und heilt,

ist eine ....

Ein Mann, der Bücher verkauft, ist ein ....

Eine Frau, die Texte in einer andere Sprache übersetzt,
ist eine ....

8. Was denkst du darüber? Schreibe deine Meinung auf:

- Ist Friseurin für Alyssa der richtige Beruf?
  Ich denke, dass

  ....

  ....

  ....

- Wird Alyssa nach ihrem Praktikum eine Ausbildungsstelle als Friseurin bekommen?
  Ich glaube, dass

  ....

  ....

  ....

- Was ist für dich das Wichtigste bei der Entscheidung für einen Beruf?
  Für mich ist das Wichtigste, dass

  ....

  ....

  ....

3. Was gibt es in Essen zu essen?

Navid kennt sich in Essen aus. Schließlich wohnt er nun schon zwei Jahre in der Stadt im Ruhrgebiet. Er läuft gut gelaunt von der U-Bahn-Haltestelle Altenessen-Mitte zum Jugendzentrum. Wie jeden Mittwoch will er seinen Nachmittag im „Fun" verbringen. Der Name des Jugendzentrums gefällt Navid. Denn er hat hier wirklich immer Spaß.

„He, Navid, alles klar?", grüßt Max, als Navid durch die Tür tritt. In der Ecke neben der **Tischtennisplatte** warten Faruk, Max, Samuel und Irina schon auf ihn. Faruk klopft auf den freien Platz neben sich und Navid lässt sich auf das Sofa **fallen**.
Alle reden durcheinander. Navid lehnt sich zurück und hört erst einmal zu. Irina erzählt, dass sie heute in der Schule eine Drei in Mathe geschafft hat. Und Samuel hat Besuch von seiner Tante aus Argentinien.

„Sobald ich mein eigenes Geld verdiene, möchte ich sie dort besuchen", berichtet er von seinen Plänen.
„Das wird aber noch lange dauern", ruft Irina und grinst.
„Dazu brauchst du erst einmal einen Schulabschluss. Und dann einen Ausbildungsplatz."
Auch dafür hat Samuel schon eine Lösung:
„Kein Problem. Mein Cousin hat eine Bäckerei. Dort kann ich anfangen. Das ist schon abgemacht."

„Für mich wäre das nichts. Da musst du ja jeden Tag schon um zwei oder drei Uhr nachts mit der Arbeit anfangen", überlegt Faruk.
Navid überlegt. Das wäre ihm auch viel zu früh. Aber wenigstens weiß Samuel, was seine Zukunft bringen wird. Navid hat dagegen keine Ahnung.

„Ich will später einmal etwas mit Computern machen“, erklärt Max.

Irina nickt. „Ich auch. Naja, auf jeden Fall will ich im Büro arbeiten“, sagt sie.

Büro? Navid kratzt sich am Kopf. Nein, das kann er sich irgendwie auch nicht vorstellen.

„Na, schmiedet ihr Zukunftspläne?", fragt Oliver, der Leiter des Jugendzentrums. Er zieht sich einen Stuhl heran und setzt sich zu Navid und den anderen.
„Klar, ich werde Millionär!", lacht Faruk.
„Red keinen Quatsch!", meint Irina und stößt ihn mit ihrem Ellenbogen in die Seite.
„Ich will eine Familie haben. Und drei Kinder", erklärt Max.

„Und du Navid? Wie stellst du dir deine Zukunft vor?", will Oliver wissen.
Navid zuckt mit den Schultern. Irgendwie fühlt er sich im Moment richtig unzufrieden.
„Ich will in Deutschland bleiben. Und einen Beruf haben. Aber ich habe keine Ahnung welchen."
„Werd doch Profi-Fußballer!", ruft Faruk. „Oder Rapper."
Irina tippt sich an die Stirn.
Oliver lacht: „Träumen ist ja erlaubt. Aber im Ernst: Was machst du denn gerne, Navid?"

Einen Augenblick ist es ganz still in der Ecke des Jugendzentrums. Alle sehen Navid gespannt an. Plötzlich ist ein leises **Knurren** zu hören. Navid legt beide Hände auf seinen Bauch.
„Hast du Hunger?", fragt Irina.
„Ein bisschen", sagt Navid leise und wird rot.
„Dann wissen wir das jetzt also: Navid isst gerne", kichert Max.
Alle lachen. Auch Navid muss grinsen.
„Ich esse wirklich gerne. Vor allem das, was ich selbst gekocht habe", sagt er.

Irina bekommt große Augen.
„Du kannst kochen?"
Navid nickt.
„Früher in meinem Herkunftsland habe ich meinem Onkel oft geholfen. Er hatte ein Lokal. Und er hat mir in seiner Küche gezeigt, wie man verschiedene Gerichte zubereitet."
„Cool!", ruft Faruk anerkennend.
„Ich bekomme auch Hunger", ruft Max und reibt sich seinen Bauch.

„Was kannst du denn alles kochen?", will Irina wissen.
„Magst du uns vielleicht zeigen, was du kannst?", schlägt Oliver vor und deutet auf die Küche des Jugendzentrums.
„Genau, koch doch mal ein Fünf-Gänge-Menü für uns!", grinst Faruk und hält Navid seine Hand hin.
Navid ist sich nicht sicher. „Das kann ich nicht."
Er überlegt. „Aber ich könnte ein **Taboulé** machen. Allerdings nur, wenn ihr mithelft."

Alle nicken begeistert. Oliver steht auf und winkt die fünf Jugendlichen in die Küche.
„Ich brauche Couscous. Und Petersilie, Minze und Tomaten", erklärt Navid.
Samuel öffnet den Kühlschrank und wirft einen prüfenden Blick hinein. Dann holt er vier Tomaten heraus.
„**Kräuter** haben wir", sagt Oliver.
„Erst Hände waschen!", übernimmt Navid die Führung.
Dann bekommen alle eine Aufgabe: Tomaten waschen und schneiden, **Kräuter** klein schneiden und Couscous kochen.

Kurze Zeit später zieht ein **würziger** Duft durch die Küche des Jugendzentrums. Ein Mädchen steckt seinen Kopf durch die Tür und **schnuppert**.

„Kann ich mitessen?", fragt sie.

Navid nickt. Das Taboulé reicht sicher für zehn Personen.

Max trägt viele Teller nach draußen in den großen Raum und verteilt sie auf einem der Tische. Navid bringt die Schüssel mit dem Couscous-Salat aus der Küche und stellt sie dazu.

Immer mehr Jugendliche setzen sich zu Navid und seiner Clique. Sie wollen alle probieren.
„Du kannst wirklich super kochen!", lobt Faruk und klopft Navid auf die Schulter. Die anderen nicken mit vollem Mund.
„Hast du dir schon einmal überlegt, ob du vielleicht Koch werden willst?", fragt Oliver.
Navid schaut den Leiter des Jugendzentrums mit großen Augen an. Eine super Idee! Warum eigentlich nicht? Doch dann lässt er seine Schultern hängen.

„Ich weiß gar nicht, wie man das macht. Ich meine, eine Ausbildungsstelle bekommen", sagt er unsicher.
Oliver beruhigt ihn.
„Dabei könnte ich dich unterstützen. Ich kann dir zeigen, wie man eine Bewerbung schreibt. Und wie man sich vorher vielleicht eine Praktikumsstelle besorgt. Das ist bestimmt auch für die anderen interessant", sagt er und wirft einen Blick in die Runde.
„Klar, das kann nicht schaden", ruft Max.

Erleichtert dreht Navid sich zu den anderen um. Gut, dass er nicht der Einzige ist, der keine Ahnung hat.
„Wir könnten gleich morgen damit anfangen, wenn ihr wollt", schlägt Oliver vor.
„Aber nur, wenn Navid uns anschließend wieder etwas kocht. Bestimmt macht Bewerbungenschreiben extrem hungrig!", ruft Faruk.
„Das war ja klar", lacht Irina.
Navid verspricht, morgen gerne wieder mit allen gemeinsam zu kochen. Er muss ja jetzt üben. Vielleicht wird aus ihm dann bald ein echter Koch. Die Vorstellung gefällt Navid wirklich gut!

→ Arbeitsaufträge:

1. Richtig oder falsch? Kreuze an:

	richtig	falsch
Navid trifft im Jugendzentrum seine fünf Freunde.	❑	❑
Navid setzt sich zu seiner Clique auf ein Sofa.	❑	❑
Die anderen Jugendlichen haben schon Ideen, was sie später machen wollen.	❑	❑
Navid weiß genau, was er will.	❑	❑
Navid kann gut kochen.	❑	❑
Navid ist froh darüber, dass Oliver ihn unterstützt.	❑	❑

2. Wie ist was? Ergänze in jedem Satz ein Adjektiv:

- Wie ist Navids Laune am Anfang der Geschichte?

  Navids Laune ist ....

- Wie fühlt sich Navid, als Oliver ihn nach seinen Zukunftsplänen fragt?

  Navid fühlt sich ....

- Wie sind Irinas Augen, als sie erfährt, dass Navid kochen kann?

  Irinas Augen sind ....

- Wie riecht es nach dem Kochen in der Küche des Jugendzentrums?

  In der Küche riecht es ....

- Wie fühlt sich Navid am Schluss der Geschichte, als er hört, dass auch die anderen Jugendlichen keine Ahnung von Bewerbungen haben?

  Navid fühlt sich ....

3. Beantworte folgende Fragen:

- Welche Zutaten braucht Navid für sein Taboulé?

  ....

  ....

- Für wie viele Personen wird das Taboulé sicher reichen?

  ....

  ....

- Wobei will Oliver Navid am Ende der Geschichte unterstützen?

  ....

  ....

4. Wann ist was? Ergänze die fehlenden Wörter (temporale Präpositionen):

- ❑ Navid und die anderen Jugendlichen treffen sich .... der Schule im Jugendzentrum „Fun".
- ❑ Navid kommt immer .... Mittwoch ins Jugendzentrum.
- ❑ Faruk weiß, dass er als Bäcker .... zwei oder drei Uhr mit der Arbeit beginnen muss.
- ❑ .... dem gemeinsamen Essen sprechen Navid und seine Clique mit Oliver über Bewerbungen.

5. Kennst du die männliche und weibliche Form? Schreibe sie auf:

männlich	weiblich
der Leiter des Jugendzentrums	die .... des Jugendzentrums
der Koch	die ....
der	die Freundin
der	die Bäckerin
der Helfer	die ....

6. Navid geht jeden Mittwoch ins Jugendzentrum „Fun" in Essen. Was hast du letzte Woche an verschiedenen Tagen gemacht? Schreibe Sätze mit Verben im Perfekt auf:

- ❑ Beispiel: Am Montag bin ich zu meinem Freund gefahren.
- ❑ ....
  ....
- ❑ ....
  ....

7. Ergänze die Sätze. Verwende dabei die passenden Wörter (Substantive):

Freude – Auskunft – Teilnahme – Aufgaben – Anerkennung

- ❑ Navid hat früher seinem Onkel in dessen Lokal geholfen. Von Faruk bekommt er dafür ....
- ❑ Navid gibt darüber ...., was er kochen kann.
- ❑ Dass Navid im Jugendzentrum kocht, ist eine große .... für die Jugendlichen.
- ❑ In der Küche verteilt Navid die ....
- ❑ Weil Navid genug gekocht hat, ist die .... von vielen Jugendlichen am Essen kein Problem.

8. Navid will Koch werden. Max wünscht sich eine Familie und drei Kinder. Welche Zukunftspläne hast du? Was wünschst du dir? Schreibe es auf:

....

....

....

....

....

....

....

....

4. Medizin studieren in Leipzig

Saja sitzt an dem kleinen Küchentisch am Fenster und lernt. Das tut Saja meistens. Sie ist in ihrer Klasse die Fleißigste von allen. Denn Saja hat ein Ziel: Sie will Ärztin werden. Dafür braucht sie ein sehr gutes Abitur. Bis dahin ist es noch ein weiter Weg. Doch Saja ist überzeugt, dass sich die Arbeit dafür lohnen wird. Bisher ist sie in einer Klasse, in der sie vor allem Deutsch lernt. Das fällt ihr immer noch schwer. Sie kennt noch nicht alle Regeln dieser Sprache. Und oft fehlen ihr die richtigen Wörter, um etwas zu sagen. Aber Saja glaubt fest daran, dass sie Deutsch bald ausreichend gut sprechen kann.
Mathe fällt ihr hingegen leicht. Dafür braucht sie keine perfekten Sprachkenntnisse. Mit Zahlen kann Saja umgehen. Ihr gefällt es, wenn eine schwierige Rechenaufgabe sich mit etwas Anstrengung und Überlegen lösen lässt.
Saja klappt ihr Buch und das Arbeitsheft zu und streckt sich. Sie wirft einen Blick aus dem Fenster. Draußen ist es bereits dunkel. Für Saja ist es Zeit, ins Bett zu gehen. Sie will morgen ausgeschlafen sein, wenn sie zur Schule geht.

Am nächsten Tag ist Saja aber doch ziemlich müde, als sie das Klassenzimmer betritt. Sie konnte nicht besonders gut schlafen. Immer wieder kreisen ihre Gedanken um ihre Zukunft. Saja kann kaum die Augen offen halten. Sie setzt sich auf ihren Platz neben Ghena.
„Hast du daran gedacht, dass wir heute einen Ausflug machen?", fragt Ghena und lächelt.
Natürlich hat Saja daran gedacht. Obwohl ihr normaler Unterricht eigentlich lieber gewesen wäre. Sie sieht an sich herunter. Sie trägt ihre Turnschuhe. Die sind genau richtig für einen Ausflug.

Frau Caspar, die Lehrerin, betritt das Klassenzimmer.
„Wir werden heute erst mit der Straßenbahn und dann mit dem Bus zum Cospudener See fahren. Ich hatte euch ja erklärt, dass der See südlich von Leipzig liegt. So werdet ihr heute ein bisschen mehr von der Umgebung hier kennenlernen", erklärt sie und winkt alle hinter sich her nach draußen.
Saja mag Wasser. Und an diesem See war sie noch nie, obwohl sie schon seit über einem Jahr in Leipzig lebt.

Nach einer kurzen Wanderung und einer Fahrt, die etwas mehr als eine halbe Stunde dauert, sind Saja und alle anderen aus ihrer Klasse am Nordstrand des Cospudener Sees angekommen. Saja sieht sich um. Schön ist es hier! Saja hört das Wasser **plätschern**. Sie sieht einen Steg, der ins Wasser führt.
Frau Caspar erklärt allen die Entstehungsgeschichte des Sees. Danach können die Jugendlichen einen kleinen Spaziergang am See entlang machen.

Saja geht gemeinsam mit Ghena. Hinter ihnen gehen Jusuf und Ibrahim. Die beiden Jungen unterhalten sich über die Surfer, die man auf dem See erkennen kann. Plötzlich hört Saja einen Schrei. Sie bleibt stehen und dreht sich schnell um. Ibrahim liegt auf dem Boden.
„Au! Mein Fuß!", stöhnt er.
Mit wenigen Schritten sind Saja und Ghena bei Jusuf und Ibrahim.
„Ich bin über einen Stein gefallen", erklärt Ibrahim unter Schmerzen.

Während Ghena losläuft, um Frau Caspar zu holen, kniet Saja sich neben Ibrahim auf den Boden.

„Darf ich?", fragt sie und deutet auf Ibrahims Fuß.

Ibrahim nickt. Vorsichtig fasst Saja seinen **Knöchel** an.

„Tut das weh?", fragt sie.

„Ein bisschen", antwortet Ibrahim.

„Wird schon gehen", sagt er und versucht, aufzustehen.

Saja drückt ihn zurück auf den Boden.

„Halte deinen Fuß ruhig", sagt sie freundlich, aber bestimmt.

Dann kommt Ghena mit Frau Caspar dazu.

„Können Sie bitte einen Krankenwagen rufen? Vielleicht hat sich Ibrahim eine **Sehne** gerissen", bittet Saja die Lehrerin.

Frau Caspar nickt und holt ihr Handy aus der Tasche.

Währenddessen zieht Saja ihre Jacke aus und legt sie unter Ibrahims Kopf.

Es dauert 15 Minuten, bis ein Krankenwagen am Seeufer hält. Zwei **Sanitäter** und eine Ärztin springen aus dem Wagen.
„Mein Name ist Dr. Tauscher. Was ist denn passiert?", will die Ärztin wissen.
„Kannst du das bitte erzählen?", fordert Frau Caspar Saja auf, die einen Schritt zurückgetreten ist, um der Ärztin und den **Sanitätern** Platz zu machen.
Möglichst genau erklärt Saja, dass Ibrahim über einen Stein gefallen ist und wie sie versucht hat, ihm zu helfen. Die Ärztin nickt.

Nach wenigen Minuten ist die Untersuchung beendet.
Die Ärztin lächelt Ibrahim an.
„Ich glaube, dein **Knöchel** ist **verstaucht**. Aber um sicherzugehen, werden wir dich mit ins Krankenhaus nehmen, um deinen Fuß dort zu **röntgen**."
Während die beiden **Sanitäter** Ibrahim auf eine Trage legen, unterhält Frau Dr. Tauscher sich kurz mit Frau Caspar. Dann wendet sie sich an Saja.
„Du hast richtig gut gehandelt", lobt sie.

Saja strahlt.
„Ich will einmal Ärztin werden", sagt sie.
„Na, dann bist du ja auf einem guten Weg", lacht Frau Dr. Tauscher.
Sie nickt Saja zum Abschied zu. Dann fahren die Ärztin und die **Sanitäter** mit Ibrahim zum Krankenhaus.
„Wir müssen zurück", sagt Frau Caspar und winkt alle aus Sajas Klasse zu sich.
Als alle da sind, beginnt ein lautes Durcheinander. Alle wollen wissen, was passiert ist. Schließlich sind alle erleichtert, dass Ibrahim wahrscheinlich nur eine kleine **Verstauchung** hat.

Am Nachmittag nach dem Schulausflug beschließt Saja, diesmal das Lernen früher zu beenden. Stattdessen möchte sie Ibrahim im Krankenhaus besuchen. Frau Caspar hatte alle informiert, dass Ibrahim ins Universitätsklinikum gebracht wurde. Saja findet das Krankenhaus ohne Probleme. An diesem riesigen Gebäude ist sie vorher schon öfter vorbeigegangen.

Im großen Eingangsbereich sieht Saja sich suchend um. Gerade will sie zur Information gehen, um nach Ibrahim zu fragen. Da hört sie, wie jemand ihren Namen ruft.
„Bist du nicht Saja?“, fragt eine Frau und kommt auf sie zu.
Es ist die Ärztin von heute Morgen. Saja freut sich, dass sich Frau Dr. Tauscher ihren Namen gemerkt hat.

„Ibrahim ist schon wieder zu Hause", erklärt die Ärztin, die ahnt, warum Saja hier ist.

Jetzt hat Saja den Weg hierher umsonst gemacht. Trotzdem ist sie erleichtert, dass Ibrahim nicht im Krankenhaus bleiben musste. Da fällt Saja etwas ein. Sie fragt Frau Dr. Tauscher, wie ihr Weg war, Ärztin zu werden. Die Medizinerin schaut auf ihre Uhr.
„Ich muss gleich wieder weiter. Aber ein paar Minuten habe ich Zeit für deine Fragen", sagt sie.

Begeistert hört Saja zu, was Frau Dr. Tauscher zu erzählen hat. Sie hatte vor dem Medizinstudium eine Ausbildung zur Krankenpflegerin gemacht. So konnte sie sich schon ein bisschen Geld für das Studium dazuverdienen.
Am Ende rät Frau Dr. Tauscher, dass Saja doch einmal zur **Studienberatung** an der Universität gehen soll. Die könnten ihre Fragen sicherlich viel besser beantworten.

„So, nun muss ich aber los. Viel Glück für dich, Saja", verabschiedet sich die Ärztin.
Saja bedankt sich bei ihr. Dann macht sie sich auf den Heimweg. Saja ist froh und motiviert. Sie weiß, dass es Ibrahim gut geht. Und sie hat nun eine genauere Idee davon, wie es ihr vielleicht gelingen kann, einmal Medizin zu studieren und Ärztin zu werden.

➜ Arbeitsaufträge:

1. Was passiert in der Geschichte? Ordne die Sätze in der richtigen Reihenfolge. Schreibe die Zahlen 1 bis 7 in die Kästchen.

- ❑ Saja will Ibrahim im Krankenhaus besuchen.
- ❑ Saja macht mit ihrer Klasse einen Ausflug an den Cospudener See.
- ❑ Jusuf und Ibrahim gehen hinter Saja und Ghena.
- ❑ Saja kniet neben Ibrahim, um seinen Knöchel zu betasten.
- ❑ Ghena und Saja sehen, dass Ibrahim am Boden liegt, und laufen zu ihm.
- ❑ Nachdem die Lehrerin den Schülern etwas über den See erklärt hat, können alle allein am See entlanggehen.
- ❑ Eine Ärztin kommt und untersucht Ibrahim.

2. Richtig oder falsch? Kreuze an:

	richtig	**falsch**
Saja hat genau die richtigen Schuhe für den Ausflug an.	❑	❑
Der Cospudener See liegt nördlich von Leipzig.	❑	❑
Die Lehrerin erklärt allen etwas über die genaue Lage des Sees.	❑	❑
Saja vermutet, dass Ibrahim sich eine Sehne gerissen hat.	❑	❑
Nach dem Gespräch mit der Ärztin ist Saja froh und motiviert.	❑	❑

3. Lies die Sätze und ergänze die Infinitivformen mit „zu“:

helfen – kennenlernen – werden – entlanggehen – machen

- ❑ Saja freut sich erst nicht besonders, einen Ausflug

  ....

- ❑ Dann gefällt es ihr doch, die Umgebung von Leipzig

  ....

- ❑ Saja beschließt, mit Ghena am See

  ....

- ❑ Als Ibrahim stürzt, hat Saja vor, ihm ....

- ❑ Nach der Erklärung der Ärztin ist sich Saja sicher, später

  einmal Ärztin ....

4. Verbinde die beiden Sätze zu einem Satz. (Nebensätze mit Konjunktionen) Verwende dafür:

nachdem – obwohl – während – damit

- ❑ Saja will Ärztin werden. Sie hat aber noch kein Abitur.
  Saja will Ärztin werden, obwohl sie noch kein Abitur hat.

- ❑ Saja und die anderen aus ihrer Klasse müssen mit der Straßenbahn fahren. Sie erreichen den See.

  ....

  ....

❑ Saja hilft Ibrahim. Sie warten auf den Krankenwagen.

....

....

❑ Saja besucht Ibrahim im Krankenhaus. Sie hat das Lernen früher beendet.

....

....

❑ Die Ärztin hat Medizin studiert. Sie hat vorher schon eine Ausbildung zur Krankenpflegerin gemacht.

....

....

5. Wie müssen die Wörter richtig enden? Schreibe die letzten Buchstaben auf. (Deklination der Sustantive)

❑ Ghena ist Saja .... Klassenkameradin.

❑ Sajas Klasse fährt mit öffentlichen

Verkehrsmittel .... zum Cospudener See.

❑ Saja besucht ihren Klassenkamerad ....

Ibrahim im Krankenhaus.

❑ In Krankenhäuser .... arbeiten Ärzte und Ärztinnen.

❑ An Universität .... kann man Medizin studieren.

6. Kennst du Berufe im Krankenhaus? Kreise sie ein:

Lehrerin	Sanitäterin
Krankenpfleger	Verkäufer
Ärztin	Hebamme
Schreinerin	Schneider

7. Was wäre, wenn? Trage die Wörter in der richtigen Form ein (Konjunktiv II):

- ❑ Wenn ich einen Unfall sähe, dann .... (müssen) ich helfen.
- ❑ Wenn ich einen tollen Beruf hätte .... (werden) ich viel Geld verdienen.
- ❑ Wenn ich ein großes Talent hätte, ... (können) ich bestimmt eine schwierige Sache lernen.
- ❑ Wenn ich mich bei einer Firma vorstellen müsste, ... (haben) ich gute Kleidung an.

8. Saja strengt sich an, weil sie Ärztin werden will. Wofür strengst du dich an? Was ist dir wichtig? Schreibe auf:

....

....

....

5.

Autos reparieren in Regensburg

„Arian, komm mal bitte her!"
Arian legt die Schraube weg, die er gerade einsortieren wollte, und hebt den Kopf. Er sieht sich in der großen Halle um, wo er gebraucht wird. Heute ist der dritte Tag seines Praktikums in einer Autowerkstatt in Regensburg. Er will dort Einblicke bekommen, was ein **Kfz-Mechatroniker** alles macht und können muss. Mittlerweile hat Arian schon eine Vorstellung von diesem Beruf. Er findet das Schrauben an den Autos spannend. Das Überprüfen der Technik mit Messgeräten begeistert ihn genauso.

Sein Chef, der Kfz-Meister Herr Demir, hatte ihm an seinem ersten Arbeitstag einen grauen **Overall** hingehalten.
„Das ist unsere Arbeitskleidung. Zieh den **Overall** bitte an. Du wirst sehen, der wird nicht lange so sauber bleiben."
Herr Demir sollte damit natürlich Recht behalten. Arian wischt sich Ölreste von den Händen an seiner Hose ab. Dann geht er schnell zu Herrn Demir, der nach ihm gerufen hat.

„Wir müssen das **Getriebe** hier ausbauen", sagt Herr Demir, als Arian neben ihm steht. Über seinem Kopf steht ein Auto auf einer **Hebebühne**. Der Meister hat einen Schraubenschlüssel in der Hand. Mit dem deutet er nach oben.
„Siehst du? Hier löse ich die Schrauben. Dann müssen wir alle mit anpacken. Denn so ein **Getriebe** ist richtig schwer."
Arian nickt. Neben ihm steht nun noch eine andere Mitarbeiterin. Steffi ist Auszubildende in der Autowerkstatt. Sie ist schon im dritten Lehrjahr eine richtige Autokennerin.
Als das **Getriebe** ausgebaut und abgestellt ist, atmet Arian auf. Das Ding war wirklich ziemlich schwer!
„Was kann ich jetzt machen?", fragt er bei Herrn Demir nach.
Sein Chef grinst.

„Es gefällt mir, dass du Spaß daran hast, mit anzupacken. Du kannst Steffi helfen. Und dann beim Überprüfen des **Ölstands** zusehen."
Arian nickt und geht mit Steffi zu einem dunkelblauen Lieferwagen.

Die nächsten drei Wochen machen Arian großen Spaß. Er hilft seinem Chef, wenn er gebraucht wird. Oder er arbeitet zusammen mit Steffi.
„Wieso willst du eigentlich **Kfz-Mechatroniker** werden?", fragt Steffi, während sie zusammen bei einem Fahrzeug die Reifen wechseln.

Arian muss nicht lange überlegen.
„Ich finde Autos gut“, sagt er sofort.
Steffi nickt, stellt den ersten Reifen auf dem Boden ab und baut den neuen ein.
„Willst du den Reifendruck messen?“, fragt sie.
Natürlich will Arian das! Mit dem Messgerät kennt er sich schon aus.

Während Arian und Steffi mit den Reifen beschäftigt sind, öffnet sich das Werkstatttor. Herr Demir fährt mit einem roten Sportwagen in die Halle. Arian bekommt große Augen.
„Toller Schlitten“, grinst Steffi.
„Schlitten?“, fragt Arian irritiert.
„So sagt man zu einem besonderen Auto“, erklärt sie schnell und stellt sich neben Arian.
„Der hat bestimmt 370 PS. Mit dem kannst du in weniger als fünf Sekunden 100 Stundenkilometer schnell fahren.“
„Echt?“ Arians Augen werden noch ein wenig größer.

Als Herr Demir aus dem Sportwagen steigt, bemerkt er, wie Arian und Steffi das Auto bewundern. Der Chef lacht und klopft auf das Autodach.
„Macht erst eure Arbeit fertig. Dann könnt ihr euch den Flitzer genauer ansehen“, ruft er ihnen zu.
„Flitzer? Ist das auch ein Wort für ein besonderes Auto?“, fragt Arian.
„Für ein besonders schnelles Auto“, lacht Steffi. „Los, komm, wir machen weiter.“
Arian nimmt von Steffi den nächsten Reifen entgegen, den sie abgenommen hat. Aber aus den Augenwinkeln beobachtet er

genau, was Herr Demir mit dem Sportwagen macht. Er kann sehen, wie sein Chef die **Motorhaube** öffnet. Arian kann sich kaum auf das Reifendruckmessen konzentrieren.
„Hallo! Nicht träumen!", sagt Steffi und stellt einen weiteren Reifen vor ihm ab.
Dann schickt sie ihn mit den Reifen nach draußen.
„Kannst du bitte alle sauber machen? Du findest neben dem Werkstatttor einen Wasserschlauch."
Arian nickt. Obwohl er ja viel lieber noch weiter den Sportwagen betrachtet hätte.

Nach dem Reifenwaschen hat ein anderer Mitarbeiter noch Arbeit für Arian. Es dauert eine Stunde, bis er alles erledigt hat. Endlich kann er sich nun den Sportwagen genauer ansehen. Herr Demir wartet schon neben dem Auto auf ihn. Arian hat viele Fragen: Wie schnell fährt der Wagen? Und was ist kaputt?
„Der Wagen ist nur zur Inspektion hier. Das heißt, wir haben überprüft, ob alles in Ordnung ist", erklärt Herr Demir geduldig.

Dann kneift der Chef die Augen zusammen und sieht Arian prüfend an.
„Gefällt es dir hier in unserer Werkstatt?", will er wissen.
Arian nickt. „Ja, sehr gut."
„Ich habe gesehen, dass du alle Aufgaben gut erledigst. Und dass du dich wirklich für die Arbeit hier interessierst", sagt Herr Demir freundlich.
„Wenn du willst, kannst du nach deinem Praktikum zum neuen Lehrjahr eine Ausbildung bei uns beginnen."
„Wahnsinn!", ruft Arian. Dann sagt er schnell noch: „Danke, ich freue mich!"

„Wenn ich mit meiner Ausbildung fertig bin, will ich mir auch so einen Sportwagen kaufen", erklärt Arian.
Herr Demir lacht. „Weiß du denn, wie viel so ein Auto kostet?"
Arian schüttelt den Kopf. Als Herr Demir ihm den Preis des Sportwagens nennt, schaut Arian erschrocken. Das ist ganz schön viel Geld!

Da klopft Herr Demir ihm auf die Schultern.
„Ich habe eine Idee. Wir sollten feiern, dass du bei uns deine Ausbildung machen wirst. Und ich weiß auch schon wie."
Arian sieht seinen Chef fragend an. Herr Demir holt eine **Schutzfolie** und legt sie auf die Sitze des Sportwagens.
„Ich wollte gerade eine Probefahrt mit dem Auto machen.

Und du könntest mitfahren, wenn du willst."
„Wirklich? Ja! Gerne!", ruft Arian begeistert.
Schnell steigt er ins Auto ein. Herr Demir startet den Wagen und Arian spürt, wie aufgeregt er ist. Er wirft einen Blick aus dem Fenster. Steffi steht ein paar Meter entfernt und winkt ihm zu. Dann fährt Herr Demir das Auto rückwärts aus der Werkstatt.

Erst fahren die beiden durch die Innenstadt von Regensburg. Arian ist hier schon oft entlanggegangen. Aber mit einem Sportwagen am Dom vorbeizufahren, ist ein ganz besonderes Gefühl! Dann verlassen sie die Stadt und fahren ein Stück auf der Autobahn. Hier sind nur 80 km/h erlaubt. Aber das macht nichts. Arian lehnt sich in seinem Sitz zurück. Heute ist ein großartiger Tag. Er hat eine Lehrstelle. Und er fährt gerade mit einem echten Flitzer. Er kann sein Glück kaum glauben!

➜ Arbeitsaufträge:

1. Ergänze den richtigen Begleiter (bestimmter Artikel). Beachte dabei, in welcher Form (Kasus) er vorkommt.

Arian ist .... Praktikant.

Die grauen Overalls sind die Arbeitskleidung .... Mitarbeiter und Mitarbeiterinnen.

Arian und Steffi arbeiten an .... Reifenwechsel.

Ein eigener Sportwagen ist der große Traum .... Praktikanten Arian.

Arian ist froh über .... tollen Chef in der Werkstatt.

Arian hat eine Lehrstelle. Das ist die beste Nachricht .... Tages!

2. Welcher Teilsatz gehört wohin? Ergänze die zweite Hälfte des Satzes richtig. (Futur I)

- Arian sich vielleicht einen Sportwagen kaufen können.
- Arian eine Ausbildung in der Kfz-Werkstatt machen können.
- noch viele gemeinsame Aufgaben vom Chef bekommen.
- mit ihrer Ausbildung bald fertig sein.

❑ In vielen Jahren wird ....

....

❑ Arian und Steffi werden ....

....

❑ Steffi wird ....

❑ Nach seinem Praktikum wird ....

....

3. Beantworte folgende Fragen in ganzen Sätzen:

❑ Wie lange arbeitet Arian am Anfang der Geschichte schon als Praktikant in der Werkstatt?

....

....

....

❑ Was hat Herr Demir Arian am ersten Arbeitstag hingehalten?

....

....

....

❑ Welche Aufgabe bekommt Arian von Steffi?

....

....

....

❑ Was möchte sich Arian nach seiner Ausbildung am liebsten kaufen?

....

....

....

4. Verwende das Verb, das am besten zur Geschichte passt. (Wortschatz)

wischt – putzt – schraubt

Arian .... gerne an Autos.

löst – holt – drückt

Arians Chef .... die Schrauben.

meckert – lacht – stößt

Steffi .... Arian an.

findet – glaubt – spürt

Arian ...., dass es in seinem Bauch kribbelt.

5. Setze ein Komma an die richtige Stelle. (Kommasetzung zwischen Haupt- und Nebensatz)

- ❑ Weil Arian gerne mit Autos arbeitet macht er ein Praktikum in einer Werkstatt.
- ❑ Arian ist begeistert, dass Steffi sich so gut mit Autos auskennt.
- ❑ Der Chef ist zufrieden nachdem er Arian beim Arbeiten beobachtet hat.
- ❑ Wenn Arians Praktikum vorbei ist kann er eine Ausbildung zum Kfz-Mechatroniker beginnen.
- ❑ Arian freut sich dass Herr Demir ihn zur Feier des Tages bei der Probefahrt mit dem Sportwagen mitnimmt.

6. Finde vier Berufe. Kreise ein:

M	W	L	L	L	B
B	Ä	C	K	E	R
A	R	E	K	H	P
L	Z	T	Q	R	L
L	T	E	B	E	J
Y	I	B	A	R	L
O	N	G	L	I	M
S	B	A	L	N	W
K	O	C	H	B	C

7. Arian macht ein Praktikum in einer Kfz-Werkstatt. Wo würdest du gerne ein Praktikum machen? Was würde dir an der Arbeit dort gefallen? Schreibe auf:

....

....

....

8. Schreibe drei Dinge auf, die man in deinem Wunschberuf machen muss.

Mein Wunschberuf: ....

Das muss man in diesem Beruf machen:

....

....

....

Glossar

Erklärung schwieriger Wörter

Geschichte	Seite	schwieriges Wort	Bedeutung
1. Häuser bauen in Bremen	8	Zaun	Grenze und Sichtschutz für ein Grundstück
	8, 9	Latten	Bretter aus Holz
	9, 12	Schuppen	kleines Haus aus Holz
	9	Säge	Werkzeug, mit dem etwas zerteilt werden kann
	9	Bohrmaschine	Werkzeug, mit dem ein Loch gemacht werden kann
	9	Schleifgerät	Werkzeug, mit dem etwas glatt gemacht werden kann
	9	Tischkreissäge	Säge mit rundem Sägeblatt auf einem Tisch
	10, 11, 13	Werkbank	Tisch, auf dem Arbeiten mit Werkzeug gemacht werden
	11	Hausmodell	kleines, gebasteltes Haus
	11	(Holz-)Leim	Kleber, mit dem Holz geklebt werden kann
	11, 13	Architekt/-in	Beruf, bei dem man Häuser plant

Geschichte	Seite	schwieriges Wort	Bedeutung
2. Friseurin werden in Freiburg	20	Schauinsland	Berg im Schwarzwald
	20	Zöpfe flechten	einzelne Haarsträhnen miteinander verbinden/ übereinanderlegen
	20	(Haar-)Strähne	einige Haare
	20	Kamm	spezielle Bürste aus Holz oder Plastik, um Haare zu ordnen
	23	föhnen	Haare mit warmer Luft aus einem Haartrockner trocknen
	23	Dauerwelle	künstliche Locken
	25, 26	Glatze	Kopf ohne Haare
3. Was gibt es in Essen zu essen?	34	Tischtennisplatte	Tisch auf dem Tischtennis (Pingpong) gespielt wird
	36	Knurren	Geräusche des Magens, wenn man Hunger hat
	37	Taboulé	Salat aus der libanesischen und syrischen Küche
	37	Kräuter	kleine Pflanzen, die man beim Kochen benutzt, um dem Essen mehr Geschmack zu geben, z. B. Petersilie oder Minze
	38	würzig	Ges riecht nach Gewürzen
	38	schnuppern	riechen

Geschichte	Seite	schwieriges Wort	Bedeutung
4. Medizin studieren in Leipzig	47	plätschern	Geräusch des Wassers in einem See oder Bach
	48, 49	Knöchel	hervorstehender Knochen am Fuß, Verbindung zum Bein
	48	Sehne	Verbindung von Muskel und Knochen
	49	Sanitäter/in	Mensch, der im Krankenwagen arbeitet
	49	verstauchen/ Verstauchung	Verletzung am Knochen, bei der der Knochen wehtut, aber nicht gebrochen ist
	49	röntgen	ein „Foto" von Knochen machen
	51	Studienberatung	eine Beratung an der Universität
5. Autos reparieren in Regensburg	58, 60	Kfz-Mechatroniker/in	Beruf, bei dem man Autos repariert
	58	Overall	Ganzkörper-Anzug mit Reißverschluss; wird oft zum Arbeiten in der Werkstatt verwendet
	58, 59	Getriebe	Motorblock, Mechanismus bei Fahrzeugen
	58	Hebebühne	eine Plattform, mit der Autos hochgehoben werden können
	59	Ölstand	Menge des Öls, das in einem Auto messbar ist
	61	Motorhaube	Deckel an der Vorderseite eines Autos über dem Motor
	62	Schutzfolie	Plastik, das einen Gegenstand vor Schmutz schützt